"最美奋斗者" 爱国主义教育系列

战斗英雄

"最美奋斗者" 丛书编委会　主编

海豚出版社
DOLPHIN BOOKS
CICG 中国国际传播集团

图书在版编目（CIP）数据

战斗英雄 / "最美奋斗者"丛书编委会主编 . -- 北京 : 海豚出版社 , 2022.3（2024.7 重印）

（"最美奋斗者"爱国主义教育系列）

ISBN 978-7-5110-5826-3

Ⅰ . ①战… Ⅱ . ①最… Ⅲ . ①中国人民志愿军—战斗英雄—先进事迹—儿童读物 Ⅳ . ① K825.2-49

中国版本图书馆 CIP 数据核字 (2021) 第 263677 号

战斗英雄

出版人：	王磊
主编：	"最美奋斗者"丛书编委会
项目统筹：	孟科瑜
责任编辑：	许海杰　　张国良
责任印制：	于浩杰　　蔡丽
法律顾问：	中咨律师事务所 殷斌律师
出版：	海豚出版社
地址：	北京市西城区百万庄大街 24 号
邮编：	100037
电话：	010-68996147（总编室）　010-68325006（销售）
传真：	010-68996147
印刷：	涿州市荣升新创印刷有限公司
开本：	16 开（710mm×1000mm）
印张：	6
字数：	45 千
版次：	2022 年 3 月第 1 版　2024 年 7 月第 3 次印刷
标准书号：	ISBN 978-7-5110-5826-3
定价：	29.80 元

目录

邱少云的故事

谭旭东　常智荣 / 著　　小幸福工作室 / 绘

在中国人民革命军事博物馆展厅里，有一支被火烧成炭黑色的钢枪。小朋友们，你们知道吗，这把钢枪的主人，就是在朝鲜战场上浴火牺牲的伟大英雄——邱少云。

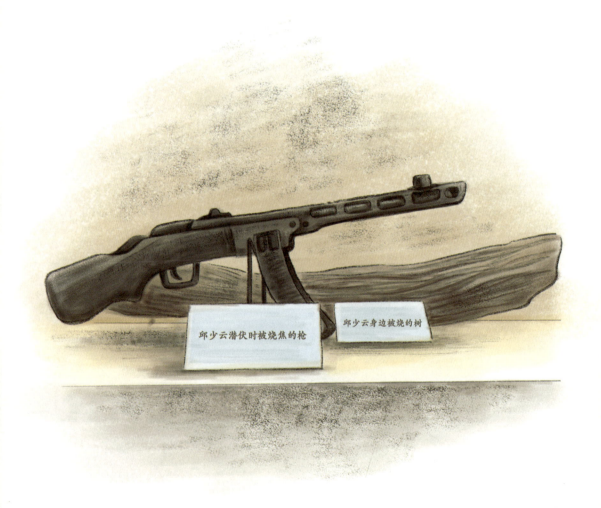

邱少云潜伏时被烧焦的枪

邱少云身边被烧的树

　　邱少云出生在一个贫苦的家庭，他从小就失去了
父母，十三岁就开始在地主家当长工，受尽了欺负。

1949 年，解放军解放了四川，邱少云毅然参加了解放军。他勤奋极了，一边苦练打仗本领，一边学习写字。

　　邱少云不怕苦不怕累，在高粱镇战斗中，就连生病
了，他也坚持带病参战，帮助战友捉住了作恶多端的土
匪头子。

　　1951 年 3 月，邱少云作为中国人民志愿军去朝鲜参加抗美援朝战争。在去前线的路上，他冒着美军飞机的扫射轰炸，从燃烧的居民房屋里救出一名朝鲜儿童。

　　1952 年 10 月，邱少云所在的营奉命攻击金化以西美军为首的"联合国军"前哨阵地 391 高地。高地前沿是一片开阔地，为了缩短进攻距离，便于突然发起攻击，部队组织五百多人在敌人阵地前沿潜伏。

潜伏前，邱少云递交了入党申请书，他坚定地写道："宁愿自己牺牲，决不暴露目标，为了整体，为了胜利，为了中朝人民和全人类的解放事业，愿献出自己的一切。"

第二天晚上，邱少云和队友就潜伏在了高地东麓的蒿草丛中。那里危险极了，离敌人前沿阵地只有六十多米！

　　突然，敌人从铁丝网里扔出一颗照明弹！刺眼的白光划破了黑夜，志愿军叔叔们一动不动地趴着。时间一分一秒地过去，敌人没有发现他们！

　　大家刚松了一口气，就发现有两个敌人下山了！敌人提着水桶，应该是要下山打水，他们离邱少云潜伏的地方越来越近。邱少云屏住呼吸，嘴巴抿成了一条线。假如敌人再走下去，一旦发现他们，整个潜伏计划就失败了！

　　"用一门火炮对付他们。"指导员做了决定。平时双方也常常会放冷枪冷炮，一门火炮不会引起敌人注意。

"开炮！"指导员一声令下，炮手叔叔一拉绳子，一颗炮弹就像长了眼睛一样，正好落在了两个敌人的身边！

一个敌人当场被消灭了，还有一个连滚带爬向山上跑，连水桶都丢了！

大家开心极了，邱少云扭头看了一眼身后的队友，
互相鼓励着对方。

　　几只蚊子围着邱少云乱转。它们坏极了，只要看到露在外面的皮肤就狠狠咬。不一会儿邱少云就被咬得到处是包。

邱少云没有伸手挠痒痒，一下都没有。

时间过得慢极了！志愿军叔叔们一动不动地趴着，突然，敌人发射了燃烧弹！

不好，一个火苗飞溅到了邱少云身上，他的棉衣已经烧着了！可是他忍着剧痛，一动也不动！

　　他身后的志愿军叔叔眼睛憋得通红，一个叔叔一个劲地朝他使眼色，让他赶快打个滚，把身上的火扑灭。

　　可是，邱少云周围没有任何遮挡的东西，只要他一滚动，敌人就会发觉。

可恶的火苗借着大风，很快就结成一团烈火，把邱少云整个儿包围了。

邱少云忍着剧痛把双手插进泥土里——把子
弹埋起来，周围的战友就安全了！火苗凶狠地燃
烧着，他却连一声呻吟都没有发出来。

为了五百多名战友的生命安全，为了整个战斗的胜利，邱少云坚定地趴在地上，咬紧牙关，一动不动。

战友们眼睁睁地看着火苗把邱少云吞没，他们的心在滴血，却什么都不能做，任何一个救火的动作都会暴露潜伏部队，那样，邱少云做的这一切就白费了！

　　在烈火中，邱少云想到战斗前就写好的入党申请
书，当时他对指导员说："指导员，请组织上严格考
验我吧，如果我在战斗中牺牲了，只希望党承认我是
一名共产党员！"

　　他笑了，仿佛身上的疼痛消失了一样。那一刻，
邱少云仿佛看到自己已经成为一名党员，带着那无比
荣耀的党徽。

火终于熄灭了，这里还是那么安静，就好像什么都没发生。但是，邱少云的牺牲换来了伟大的胜利！

　　反击部队在邱少云伟大献身精神的鼓舞下，当晚胜利攻占了391高地，全歼美军一个加强连。

　　为了保护战友，为了解放朝鲜，为了民族大义，邱少云牺牲了。他坚韧的精神战胜了无情的烈火，他是烈火中永生的英雄，是值得我们永远铭记的英雄！

黄继光的故事

范强 / 著　　小幸福工作室 / 绘

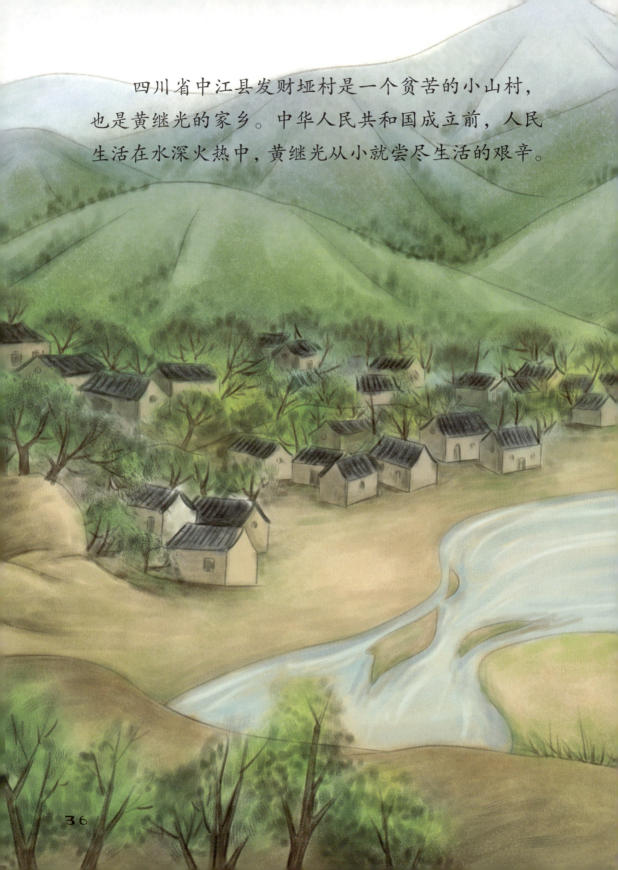

四川省中江县发财垭村是一个贫苦的小山村，也是黄继光的家乡。中华人民共和国成立前，人民生活在水深火热中，黄继光从小就尝尽生活的艰辛。

　　因为打死甲长的恶狗没钱赔，黄继光不得不给甲长老财当了三年长工，受尽了侮辱打骂、饥寒交迫。

　　熬过这三年，黄继光为了挣钱养家，来到一个面馆当跑堂。没想到刚出狼窝又入虎穴，黄继光签了一份"学徒三年，期间没有工钱"的"卖身契"，照样忍饥挨饿，受苦受累。

　　冬天去挑水，山路又陡又长，还结着冰，他差点儿掉进深崖。小伙计安慰他："忍着吧，天下乌鸦一般黑，这根本不是咱百姓的天啊！"

39

终于，中华人民共和国成立了，神州大地变了天，人民当家做主站了起来！

黄继光是第一批加入农会的，他还当上了村里的民兵，积极地剿匪、收公粮、斗地主恶霸。

　　在一次剿匪活动中，黄继光抓住了化装的土匪头子，立了大功。

1951 年，黄继光光荣地成为一名中国人民志愿军战士。祖国一声令下，黄继光和战友们一起雄赳赳，气昂昂，跨过鸭绿江，去保家卫国！

一开始，黄继光是通讯员。除了完成本职工作，他还利用闲暇时间帮炊事班拾柴、挑水、烧饭，抢着给前沿战士分发弹药，还去机枪连打坑道，根本闲不下来。

战友们劝他歇一会儿，他说："很多同志都在立大功呢，咱干这点儿活根本不算啥！"

1952年10月14日，世界战争史上作战激烈程度十分罕见的战役——上甘岭战役打响了。在不到四平方公里的土地上，以美国为首的"联合国军"发起了疯狂的攻击。顷刻间，上甘岭的各个高地都淹没在火海中。

黄继光所在的营已经持续战斗四天四夜。

10月19日，部队接到命令：天亮前，夺回597.9高地！19日晚，反击开始了。敌人的照明弹、炮弹开始密集发射，整个夜空都被照亮了。

营地不远处就是战场，战士们不顾敌人的枪林弹雨，英勇杀敌。

47

想要占领 597.9 高地，必须要夺回去往高地的几块阵地。部队先后夺回了 6 号、5 号、4 号阵地，之后的 0 号阵地此刻成了最棘手的问题。敌人依靠所占暗堡，死死地控制住制高点。可这时，发起攻击的六连一共只剩下十六名战士了！

营参谋长组织三个爆破小组向暗堡发起进攻。可敌人火力太猛，三个小组伤亡殆尽都没能完成任务。

眼看就要天亮了，再不拿下0号阵地，后果将不堪设想。这时，黄继光拿出自己的决心书，对参谋长说："让我上吧！"

　　参谋长沉思了一会儿,将黄继光三人编成一组,
任命黄继光为班长,去完成爆破任务。

黄继光从胸前掏出一个布荷包，里面装着入党申请书，他双手捧给指导员，高声喊道，请祖国人民听我们胜利的消息吧！

　　一名战士端起机枪射击，掩护黄继光和另一名战士冲向暗堡。

　　轰——轰——两侧的暗堡先后被炸掉了！中间的暗堡像发疯的野兽，开始更狂暴的扫射，先后击中了两名战友。

　　黄继光眉毛凝成两道利剑，拳头攥得咯嘣响，继续冲向暗堡。噗噗几声，黄继光被子弹击中，一头栽倒在地！

时间好像凝固了，空气中只剩下敌人枪炮的嘶吼声。

黄继光忍着剧痛抬起头，拖着受伤的身体继续前进。他使劲儿扔出最后一颗手雷，轰——

敌人的机枪声短短停顿了一下，又疯狂地叫起来。原来，手雷没有扔进暗堡，只炸塌了一角。

　　黄继光倒在暗堡旁，一动不动。

　　战友们的心揪得紧紧的，大气都不敢喘。"快看，黄继光动了！"忽明忽暗中，黄继光的身影忽隐忽现，只见他艰难地爬到暗堡下面。

　　大家都在焦急地等待黄继光炸毁暗堡，发起最后的冲锋。

可是手雷的爆炸声迟迟没有传来。原来黄继光没有手雷了。

黄继光爬到一处射击死角，用力支起上身。紧接着，他使出最后的力气，伸开双臂，跃出气壮山河的一道弧线，堵住了敌人的枪眼。

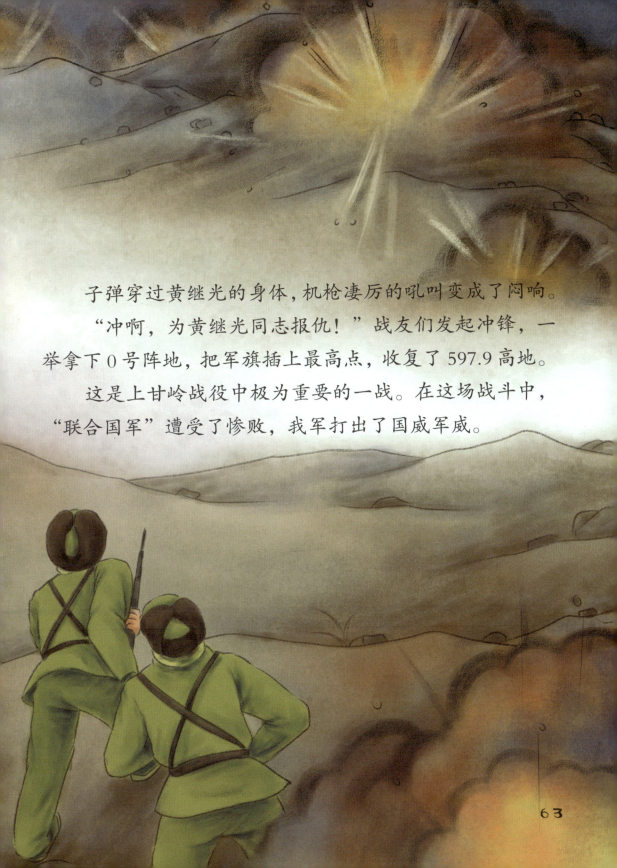

子弹穿过黄继光的身体，机枪凄厉的吼叫变成了闷响。

"冲啊，为黄继光同志报仇！"战友们发起冲锋，一举拿下 0 号阵地，把军旗插上最高点，收复了 597.9 高地。

这是上甘岭战役中极为重要的一战。在这场战斗中，"联合国军"遭受了惨败，我军打出了国威军威。

黄继光被志愿军总部追记特等功，追授"特级英雄"荣誉称号，成为人民军队历史上获得最高功勋的士兵。

他的英勇事迹也同他的英魂一起感动、激励着一代又一代的中国人奋勇前行。

罗盛教的故事

侯宏伟 / 著   小幸福工作室 / 绘

北方的冬天真美啊！一觉醒来，房顶、树枝、小河……全都穿上了厚厚的棉衣，那是白雪做的。

北方的冬天真冷啊！不管穿多少衣服，出门还是会打哆嗦。说上一句话，嘴里呼出的热气恨不得马上结冰。

每年的冬天，紧紧连结着中国和朝鲜的鸭绿江，都会结上一层厚厚的冰，盖上一层厚厚的雪。

这洁白晶莹的冰雪，是有记忆的……

它们记得，1952 年 1 月的一天，在朝鲜一个叫石田里的地方，有一条河，那时的河面，也有一层冰雪，小朋友们在上面嬉戏。

　　突然，咔嚓一声，冰面裂开了！一个小男孩儿猛地掉进了冰窟窿。"啊……"小男孩儿吓得大叫，双手扑腾着想抓住点什么，可是冰太滑，抓了几次，还是沉了下去。

男孩儿的小伙伴惊慌地呼救起来。

河边，两个正在练习扔手榴弹的中国小战士听到呼救声飞奔而来。

一个瘦瘦的小伙子跑得特别快。他一边使出全身的力气奔跑，一边脱掉棉外套扔在一旁，眼睛死死地盯着冰窟窿。他一定是猜到发生了什么事。

小伙子飞身一跃，一下子就跳进了冰窟窿里。

　　冰下的水一定是流得太急了，小伙子左顾右盼也看不到孩子的身影，摸了好一阵儿，什么也没找到。

　　小伙子露出头，大口大口地吸了几口气，又一头扎进了水里。

　　大哥哥能找到自己的好朋友吗？小伙伴们在冰面上焦急地等着。

突然，冰窟窿里伸出来两只小手，接着是孩子的头。湿漉漉的小手拼命地扒着冰面往上爬。原来，是小伙子用自己的双手把孩子托举出了水面。

　　谁知，哗啦啦——冰面塌了一大片，孩子又
掉了下去。

　　冰下的水一定是太冷了，小伙子的脸、脖子
全都冻得发红发紫。可是，他只是探出头来，深深
地吸了一口气，就又毫不犹豫地回到水里。

时间一分一秒地过去。这一分一秒，就像一个世纪那样漫长。

　　孩子终于又露出了水面！另一名中国小战士已经找来电线杆，慌忙把孩子拉上了岸。这一次，是冰下的小伙子用自己的肩膀和头把孩子顶了上来。

　　小伙子一定是耗尽了所有的力气，没有给自己
保留哪怕是一点点。

这些，有记忆的冰雪，一刻都不曾忘记！

被救上来的朝鲜小男孩儿，名字叫崔莹。小伙子名叫罗盛教，是中国人民志愿军战士。那一年他只有二十一岁。

时光流转，回到三年前。

那是1949年的深秋，罗盛教的家乡解放了！那一年，罗盛教虽长得瘦瘦弱弱，却光荣入伍，还考进了湘西军政干校。

那时候，冰雪为他自豪！

来自穷山乡的罗盛教，对知识充满了渴望！

当学到马克思列宁主义、毛泽东思想的时候，罗盛教激动得像有一团火在心中燃烧！

那时候，冰雪为他加油！

　　在军营里，罗盛教担任文书工作。他跑遍湘西的大山，服务整个连队，全连所有的统计报表，都出自他的手。

　　那时候，冰雪为他骄傲！

　　他帮战士们给家里写信，为当地的农民砍柴、担水，向战士们学习有关枪械的知识……罗盛教多么渴望，能和敌人真刀真枪地干一场！

　　那时候，冰雪为他鼓劲儿！

这一天真的来了！

1950 年 10 月，抗美援朝战争爆发。1951 年 4 月，罗盛教毫不犹豫地报名参加了志愿军。就这样，他来到了朝鲜，遇到了朝鲜的冰雪……

冰雪怎会忘记!

　　朝气蓬勃的罗盛教和他的战友们不远万里，跨过鸭绿江，和朝鲜人民在炮火纷飞的战场并肩作战。

冰雪怎会忘记！

　　遭到飞机轰炸的时候，小村庄冒起了滚滚浓烟，罗盛教不顾生命危险冲进去，救出了老大娘和孩子！看着生活在水深火热中的朝鲜人民，罗盛教的心里好难过！

冰雪怎会忘记！

　　哪个老乡家里缺水，哪个老乡家里缺柴，哪个老乡的房子漏了需要修补，罗盛教最清楚！住在朝鲜老乡的家里，他总想多帮老乡干点儿活。

冰雪怎会忘记！

罗盛教最喜欢村里的孩子们。他和孩子们一起给田里的小苗浇水，一起做游戏，他教孩子们学唱中国歌，学写中国字，中朝人民的友谊越来越深。

　　冰雪怎会忘记！

　　身材瘦小的罗盛教，看上去文质彬彬，心中却有着
一颗沸腾的心！他在日记里，写着对家乡父老乡亲的惦
念，和对受苦受难的朝鲜人民的同情。

冰雪怎会忘记！

在朝鲜的青山上，安葬着这位英勇的战士！

是他，在数九寒天从冰窟中救出朝鲜少年，把自己的身体和精神永远留在了这里！

人们，也从来不曾忘记！

罗盛教烈士的国际主义精神与朝鲜人民永远共存。

"最美奋斗者"人物简介

　　邱少云，男，汉族，中共党员，1926 年 7 月生，四川铜梁人，1949 年 12 月入伍，生前系中国人民志愿军第十五军二十九师八十七团九连战士。1952 年 10 月，他在距敌前沿阵地六十多米的草丛中潜伏时，为避免暴露任烈火烧焦身体而一动不动，直至壮烈牺牲。朝鲜民主主义人民共和国追授他金星奖章、一级国旗勋章。被志愿军总部追记特等功，授予"一级英雄"荣誉称号。2009 年当选"100 位新中国成立以来感动中国人物"。

　　黄继光，男，汉族，中共党员，1931 年生，四川中江人，生前系中国人民志愿军步兵第一三五团二营通讯员。1951 年 3 月参加抗美援朝战争。1952 年 10 月 20 日上甘岭战役中，他在多处负伤、弹药用尽的情况下，用自己的胸膛堵住敌人正在喷射火舌的枪眼，壮烈牺牲，年仅二十一岁。被志愿军总部追记特等功，追授"特级英雄"荣誉称号。朝鲜民主主义人民共和国追授他"朝鲜民主主义人民共和国英雄"称号和金星奖章、一级国旗勋章。2009 年当选"100 位新中国成立以来感动中国人物"。

罗盛教，男，汉族，1931年4月生，湖南新化人，1949年11月入伍，生前系中国人民志愿军第四十七军一四一师直属侦察连文书。1952年1月为救跌进冰窟的朝鲜少年崔莹英勇献身。被朝鲜民主主义人民共和国授予朝鲜民主主义人民共和国一级国旗勋章和一级战士荣誉勋章。被志愿军总部追记特等功，授予"中国人民志愿军一级爱民模范"荣誉称号。2009年当选"100位新中国成立以来感动中国人物"。